HEIL CORONA

Klaus Jörg Ruff

Deutschland

Ein Frühlingsmärchen

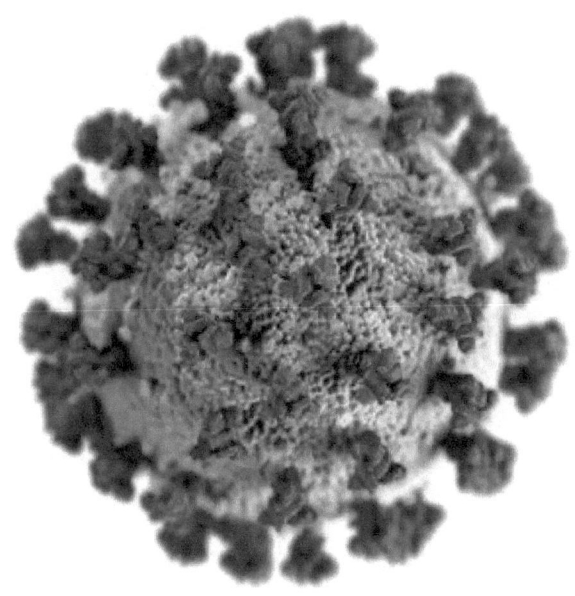

Bibliografische Information der Deutschen Nationalbibliothek:
Die Deutsche Nationalbibliothek verzeichnet diese Publikation
in der Deutschen Nationalbibliografie; detaillierte
bibliografische Daten sind im Internet über http://dnb.dnb.de
abrufbar.

Herstellung und Verlag
BoD – Books on Demand, Norderstedt

ISBN: 978-3-7519-5712-0

Deutschland. Ein Frühlingsmärchen

Text by Klaus Jörg Ruff

Im hoffnungsvollen Monat März grad war's,

Die Tage wurden heller,

Ein Urknall uns, ein Virus traf.

Das wurde immer schneller.

Grad so, als wäre es nur Geld,

So raste es um unsre Welt.

Die Ruhe war's, die mich bewog,

Als ich ins schöne Ungarn zog.

Dem Paradiese gleich, noch wuchsen hier,

Der Wein, die Feigen in den Mund.

Wohl fühlt ich mich und kerngesund.

Die Welt sie machte Schulden,

Das Eigne kost' nun plötzlich Gulden.

So wurd' das dumme Geld nicht mehr.

Und ich zog diesem hinterher,

Nach Deutschland, einst der Heimat Lande.

Ein Blick zurück ins liebe Dorf,

Noch Kirchenglocken läuten,

Des Geldes wegen muss ich geh'n,

In Hoffnung auf ein Wiedersehn.

Als ich kam ins deutsche Land,

Da war doch alles anders,

Die Menschen trugen Maske bald,

Mir wurde um mein Herz so kalt.

Kein einzig Lächeln ich hier sah,

Glaub gar ich war den Tränen nah.

Ein Virus war da grad am Tun.

Verbreitet ward nun Angst und Schrecken.

Es ergriff geschwind, die pure Not.

Ein Jeder ward des Andren Tod.

Gekommen war ich ob der Gulden,

Was ich da sah warn doch nur Schulden.

Trotz Maske sah ich's an der Nase,

Die Deutschen lebten in der Blase.

Ich dankte diesem Virus prompt,

Dass diese Hatz zum Stehen kummt.

Wie kann man so viel Schulden machen

Und dann darüber auch noch lachen.

Ist es unser Zeit Verderbe,

Deutschlands Luxus im Gewerbe?

Die da können, spekulieren.

Im Gefolge nur verlieren.

Ich denk das war schon immer so,

Spekulation mit höchstem Risiko.

Mussten wir uns wirklich messen,

aus merkantilen Interessen?

Operativ gesund,

Das ist doch von der Hand in' Mund.

Die Aktie weit vorm Virus fällt,

Woher nun kommt das große Geld.

Kaum einer kanns verhehlen,

Man wird es eben stehlen.

Die Mühlen sollen langsam mahlen,

Die Kinder sollen es bezahlen.

So eilen wir von Sieg zu Sieg,

was solls, ist besser als ein Krieg.

Die Früchte machten mich in Ungarn satt,

Allein schon das Vertrauen hier,

Das haut mich um

Und macht mich platt.

Wem wohl gelang es hier, dem deutschen Volke,

Allein mit blindem Glauben,

Zur Gänze den Verstand zu rauben.

Als die Türken einst gehau'n,

So ziemlich alles köpften eben,

Da ließen sie die schönen Frauen

Und auch das Handwerk überleben.

Und so kam es auch, trotz Virus, hier,

Ich hatte Arbeit und mein Bier.

Es ließ sich wundervoll da walten,

Alle mussten Abstand halten.

Doch meine Seele begann zu leiden,

Die Menschen taten sich es neiden,

Oh, Himmel was ist da gescheh'n,

Die Deutschen schliefen ein im Stehn.

Die Hälfte ging zur Arbeit nun,

Der Rest begann sich auszuruh'n.

Nur machte diese Art nicht satt,

Das dumme Geld es wurde knapp.

Und wer befohlen Arbeit mied,

War auch nicht seines Glückes Schmied.

Erbrechend kam es aus dem Mund:

„Wir arbeiten für euch,

Bleibt ihr gesund."

Und als ich diese Sprach' vernahm,

Da ward mir seltsam zumute;

Es war nicht mehr die Sprach' der Väter,

Nein höchstbefohlen, die der Täter.

Was war das hier für eine Welt,

in der man alles tat für's Geld.

Die Jungfrau Europa ist geschunden.

Mit Schulden infiziert verbunden.

Sie sang nun das Entsagungslied,

Das Heil Corona vom weiten Himmel,

„ Womit man einlullt, wenn es greint,

Das Volk, den großen Lümmel. " [1]

„Ich kenne die Weise,

Ich kenne den Text,

Ich kenn auch die" Herrinnen „Verfasser";

Zu Feiern traf man sich in Scharen.

Das Volk derweil es sollte sparen.

Die oben da Milliarden Gulden,

Die unten gar Billionen Schulden.

Solch Menschen kann kein Jeder ehren,

Es lohnt da nicht, sich zu vermehren.

Was bleibt, ist nicht Familienbande,

Mein Gott, es ist die pure Schande.

Es reicht nicht, da sich nur zu grämen,

Nein, wer ein warmes Herz, kann sich nur

schämen.

Am seidenen Faden hängt das Leben,

Ist Schulden tragen noch gegeben?

Wo führt das hin, es tickt die Uhr.

Bleibt uns nur die Diktatur?

Die Leutchen Ertragens mit Geduld,

An allem war das Virus schuld.

Ein Stern am Auto.

Des Menschen Wert.

Von hinten aufgezäumt das Pferd.

Jetzt passt das alles in die Ritze.

Die Pyramide auf der Spitze.

Das Geldsystem auf einem Beine,

Die Diktatur kommt von alleine.

Denn wenn das Futter erstmal alle,

Dann läuft sie über unsre Galle.

Das starke Deutschland das hat Geld,

Auch wenn es nicht vom Himmel fällt.

Dreimal in die Hand gespuckt,

Das Geld, egal, es wird gedruckt.

Für noch mehr Schulden nun bereit,

Das Virus kam zur richtgen Zeit.

Den Menschen ist das einerlei.

Seht! Ein Urlaubsflieger!

Das Virus, ja, es ist vorbei.

Tja, diese Welt ist nur das Geld;

Und dann noch außer Rand und Band.

Ich merke und ich stelle fest,

Dass ist nicht mein Heimatland.

Die Freiheit ist nun einmal so,

Die Ungleichheit, sie macht uns froh.

Wer andres predigt, im Kaftan,

Der ist und bleibt ein Scharlatan.

Gezogen muss der lose Haufen,

sonst nur feiern, fressen, saufen.

Ich denk der Mensch wird immer wildern,

Es ist die Sucht nach schönen Bildern.

Selbst wenn es nur ein Spiegel ist,

Und er sein eigen sieht Gesicht.

All das dann noch auf einen Klick,

Das Seelenheil, das höchsten Glück.

Was haben sie aus euch gemacht?

Der Herrgott weint.

Der Teufel lacht.

Ihr rennt als wäret ihr in Not.

Dahinten wartet doch der Tod!

Lebenslang ist der bereit,

Wer sich lässt ein wenig Zeit!

In tausend Jahren wird man lesen,

Das Deutsche ist nicht mehr genesen.

Doch dann gibt es ein kleines Land,

Dass noch Ungarn wird genannt.

Die Geige schluchzt und immer wieder,

erklingen da der Freiheit Lieder.

Die waren halt aus andrem Holz

und hatten ihren eignen Stolz.

Da war etwas im eig'nen Wir,

das stärker war als plumpe Gier.

„Und wachsen uns Flügel nach dem Tod",

So will ich mit euch singen.

Dort oben dann bei Geigenklang

die selige Zeit verbringen.

[1] *Heinrich Heine: Deutschland. Ein Wintermärchen. 1844*